U0100373

大展好書 ✕ 好書大展

名師出高徒 ①

劉玉萍 編著

武術基本功與基本動作

大展出版社有限公司

出版說明

　　誰都願意將自己的孩子送進好的學校，爲什麼？因爲好學校教學水平高。教學水平高主要依賴於有一流的高水平的教師。教師水平高就能教出出類拔萃的學生，這正是「名師出高徒」。

　　學武術也如此，富有經驗的名師教學，會使初學者少走彎路，入門迅速，一入門即可爲提高打下紮實的基礎。

　　爲滿足初學武術的廣大青少年和武術愛好者的要求，我社特約我國武術名家編寫了這套叢書。本套叢書作者均是長期從事武術教學，在國內外享有盛名的專家，他們有著極豐富的教學經驗，既能把那些對武術一竅不通的「老外」教得像模像樣，也能指導武術高手再提高。

　　本套叢書屬於普及性讀物，重點介紹了武術基本技術要領、動作要求、練習方法、易犯錯誤及其糾正方法，而且簡明扼要地說明了動作的技擊含義，易學、易懂、易練、易用。

　　近年來中國武術協會爲更廣泛開展武術運動，在國內推行了武術段位等級制。本書在介紹了最基本的動作之後，編入了最基本的入段套路詳解。每個武術愛好者只要跟著本書步驟自修，都可達到武術初級段

位（一、二、三段）水平。

　　本社曾出版過《武術基礎練習叢書》一書，深受廣大武術愛好者喜愛，多次再版仍未能滿足需要。根據近年來我國武術發展的形勢，本套叢書是在原《武術基礎練習叢書》的基礎上新編而成。這套叢書包括以下幾冊：

　　《武術基本功和基本動作》——名師出高徒(一)

　　《長拳入門與精進》——名師出高徒(二)

　　《劍術、刀術入門與精進》——名師出高徒(三)

　　《棍術、槍術入門與精進》——名師出高徒(四)

　　《南拳入門與精進》——名師出高徒(五)

　　《散手入門與精進》——名師出高徒(六)

　　《太極拳入門與精進》——名師出高徒(七)

　　《太極推手入門與精進》——名師出高徒(八)

俗話說「練拳不練功，到頭一場空」，只有練好紮實的基本功和規範的基本動作，學、練任何項目的武術，才可迅速入門、快速精進。

本書以簡練的語言、生動的插圖介紹了武術必備的肩臂功、腰功、腿功和武術的手型、步型、手法、步法、腿法、跳躍、平衡、跌撲滾翻等基本動作。持之以恆，功到自然成。跟隨本書習練，定有助於武術各項目的學習與精進。

目　錄

第一章　基本功

　　武術基本功，是指從事武術運動所必備的體能、技能和心理品質。它有一系列綜合性訓練人體內外各部位功能的方法和手段。這些訓練方法和手段，突出了武術運動的專項要求，注重在發展身體各部位力量、柔韌等素質的同時，還十分注重對人體內臟功能及心態活動的提高，具有明顯的內外兼修的運動特點。

　　武術基本功按人體的身體部位劃分為：肩臂功、腰功、腿功和椿功。

第一節　肩臂功

　　肩臂功，主要是增進肩關節韌帶的柔韌性，加大肩關節的活動範圍，發展臂部力量，提高上肢運動的靈敏、鬆長、轉環等能力。

　　為學習和掌握各種拳、掌等手法打下必要的專項素質基礎。練習的方法有壓肩、吊肩、轉肩和繞肩等。

圖1

一、壓　肩

　　面對肋木或一定高度的物體開步站立。兩手抓握肋木，上體前俯下振壓肩（圖1）。

　　【要點】：

　　兩臂、兩腿要伸直，力點集中於肩部。

　　【練習步驟】：

　　1.下振壓的振幅逐漸加大，力量逐漸加強。

　　2.肩壓到極限時，靜止不動耗肩片刻。

　　3.壓肩與耗肩交替練習。

　　【易犯錯誤】：

　　肩部緊張，臂不直。

　　【糾正方法】：

　　練習時注意盡量沉肩，伸臂。

圖 2

二、吊　肩

　　兩腳併步站立，背部朝向橫杠（最好是肋木），兩手反臂抓握橫杠。然後下蹲，兩臂拉直，或懸空吊起（圖 2）。

　　【要點】：

　　兩手緊握橫杠，兩臂伸直，肩部放鬆。

　　【練習步驟】：

　　1.雙手反臂抓握橫杠，上體前傾拉肩，並上下轉動。

　　2.屈膝下蹲，上體盡量直立，逐漸減少腳的支撐力，做向下吊肩動作。

　　3.兩腳離地，做吊肩動作。

　　【易犯錯誤】：

　　提肩，屈臂，躬身。

圖 3　　　　　　　　　圖 4

【糾正方法】：

兩手握緊橫杠，抬頭，沉肩，立身。

三、轉　肩

兩腳開步站立，兩手握棍於體前，與肩同寬，然後上舉繞至體後，再從體後向上繞至體前（圖 3、4）。

【要點】：

兩手握距要合適，轉動時兩臂伸直盡力上舉。

【練習步驟】：

1.先做徒手的壓肩、繞肩練習。

2.開始握棍轉肩時兩手間距離可寬些，逐漸縮短距離。

【易犯錯誤】：

屈肘，兩肩未同時轉動。

圖5

【糾正方法】：

適當放寬握距，強調直臂上舉，同時過肩。

四、繞　肩

1.單臂繞環

左弓步，右臂伸直向前或向後立繞（圖5）。

【要點】：

臂伸直，肩放鬆，繞環時，貼身走立圓。

【練習步驟】：

1.單臂繞環要力求動作連貫，勁力順達，肩關節充分放鬆，不必求快速。

2.左右交替練習，注意協調發展。

【易犯錯誤】：

肩部緊張，肘關節彎屈，繞環不走立圓。

【糾正方法】：

放慢速度，肩部盡量放鬆，臂伸直，貼身立繞。

2.兩臂前後繞環

開步站立，兩臂伸直上舉與肩同寬，手心相對，左臂向前、向下、向後繞環；右臂向後、向下、向前同時繞環（圖6、7、8）。

【要點】：

兩臂伸直，肩關節放鬆，以腰帶臂繞立圓。

【練習步驟】：

1.此動作需要一定的協調性，初次練習要放慢動作，當兩臂反方向繞至體前、體後時應在一條水平線上，下落時應

圖6

圖7　　　　　　　　　圖8

同時擦腿，上舉時手心相對。

　　2.動作符合要求後再逐漸加快速度，左右交替做反方向的繞環練習。

　　【易犯錯誤】：

　　①兩臂配合不協調，順同一方向轉動；

　　②繞臂不成立圓。

　　【糾正方法】：

　　兩臂出現順方向轉動時，可向反方向連續撥動另一手臂，協助其完成動作；繞臂不成立圓，要強調以腰帶臂，肘關節伸直，向上繞兩臂貼頭，向下繞兩手擦腿。

3.仆步掄拍

　　①左弓步；右臂前伸與肩同高；左掌立於右肩前（圖9）。

②上體右轉，右腿屈膝，左腿伸直，成右弓步；右臂向上、向右掄臂，左臂向左掄臂（圖10）。

③上體繼續右轉，右臂向下、向後掄臂，左臂向上、向前掄臂（圖11）。

④上體左轉，左腿屈膝全蹲，右腿伸直，成右仆步；右臂向上、向前、向下掄臂至右腿內側以掌心拍地；左臂向下、向左掄臂至左上方（圖12）。

【要點】：

兩臂伸直，肩放鬆，以腰帶臂，貼身掄繞。

【練習步驟】：

1.慢掄臂練習，體會動作路線及以腰帶臂的要點。

2.逐漸加快掄臂速度。

3.左右交替掄臂練習。

【易犯錯誤】：

兩臂斜擺，不立繞。

圖9

【糾正方法】：

左右轉腰要充分，向上掄臂時，臂要貼近耳，向下掄臂時，臂要貼近腿。

圖10

圖11

圖 12

第二節　腰　功

主要發展脊椎和腰部各肌肉群的柔韌性與彈性，加大腰部的活動範圍。腰是貫通上下肢的樞紐，在手、眼、身法、步法四個要素中，腰是反映身法技巧的關鍵。俗話說：「練拳不活腰，終究藝不高。」練腰的方法有前俯腰、甩腰、涮腰、下腰等。

一、前俯腰

1. 兩腳併步站立；兩手交叉，直臂上舉，手心朝上（圖13）。

2. 上體前俯；膝關節挺立；兩掌撐地（圖14）。

3. 兩手抱住雙足跟腱部位，使頭貼近腿部，持續一定的時間（圖15）。

圖 13

圖 14

圖 15

圖 16

圖 17　　　　　　　　圖 18

4.上體向左、右側轉動；兩手交叉在左右腳外側觸地（圖 16、17）。

【要點】：

兩腿挺膝伸直，收髖，盡力向前折體。

【練習步驟】：

開始練習時可做開步的前俯腰下振練習（圖 18）。逐漸過渡到兩腳併攏的前俯腰雙手觸地和抱腿動作，並堅持耗一定時間。

【易犯錯誤】：

兩腿膝關節彎曲。

【糾正方法】：

強調動作要點，或由教練、同伴用手拍其膝部，促使練習者把膝關節挺直。

二、甩　腰

1.兩腳開步站立；兩臂上舉（圖19）。

2.以腰、髖關節為軸，上體做向前俯身和向後甩腰動作，兩臂也隨上體擺動（圖20、21）。

【要點】：

兩腿伸直，挺髖、展腹，甩腰的速度、幅度逐漸加快、加大，並富有彈性。

【練習步驟】：

1.做一手扶肋木或其他支撐物的甩腰練習，速度由慢而快。

2.熟練之後不扶肋木的甩腰練習。

圖 19

圖20 圖21

【易犯錯誤】：

甩動速度慢，幅度小。

【糾正方法】：

一手扶住肋木，充分挺髖、展腹，快速向後擺臂，動作緊湊並富有彈性。

三、涮　腰

開步站立，以髖關節為軸，上體前俯，兩臂向前下方伸出。然後以臂帶腰做向前、向左、向後、向右翻轉繞環（圖22、23）。

【要點】：

以腰為軸，借助上體的前俯、後仰兩臂盡量向遠端伸出，以增大繞環幅度。

圖 22

圖 23

【練習步驟】：

1.先做左右轉腰和上體前、後仰動作，然後再做涮腰動作。

2.左右交替練習，速度由慢到快，次數逐漸增加。涮腰後可下蹲休息片刻，以防頭暈。

【易犯錯誤】：

繞環幅度小，上體後仰不夠。

【糾正方法】：

一人站在練習者背後進行保護，練習者盡量向後仰體，保護者一手隨時準備托扶，另一手在練習者後仰翻轉的同時撥其上臂使其加大動作幅度和加快速度。

四、下　腰

兩腳開立，與肩同寬，兩臂伸直上舉。腰向後彎，抬頭、挺腰向上頂，兩手撐地成橋形（圖24、25）。

【要點】：

下腰後要挺膝、挺髖、腰向上頂。

【練習步驟】：

1.先做轉腰、俯腰和甩腰動作，然後再做下腰練習。

2.下腰時，可由同伴托腰保護，下腰後，兩手盡量向腳後跟移動，同伴可緩緩推其膝部，以加大下腰效果。

【易犯錯誤】：

開步過寬，腳尖外撇，腳跟離地，仰頭，腰上頂得不夠。

【糾正方法】：

1.以上錯誤一般情況下都是因腰柔韌性差所致。隨著練

圖 24   圖 25

習會逐步改善，但練習者本身應按要求去做，同伴此時要給
以保護並糾正其動作。

　　2.也可利用肋木，雙手撐肋木，自上而下逐漸加大下腰
幅度。

第三節　腿　功

　　主要發展腿部和髖關節的柔韌性、靈活性和力量等素
質。

　　練習的方法有壓腿、搬腿、劈叉、控腿等。

一、壓　腿

1.正壓腿

①右腿屈膝半蹲；左腿前伸，膝關節挺直，腳尖向上勾緊；上體前俯；兩手按在左膝關節上向下壓振（圖26）。

②右腿直立支撐；將左腳跟放在一與髖同高的物體上，腳尖勾緊；兩手扶按在膝關節上（或雙手抱腳），上體向前、向下做壓振動作（圖27）。

【要點】：

被壓的腿要收髖、挺膝，腳尖勾緊。

【練習步驟】：

1.壓腿的力量由輕到重，振幅由小到大。

2.壓腿到一定程度後雙手扳住腳掌，用前額觸及腳尖，並停住不動，盡量維持時間長一些，之後把腳放下來，做些

圖26

圖27

踢、擺動作，再繼續練習。

3.左右腿交替練習。

【易犯錯誤】：

髖不正、腳勾不緊，弓背。

【糾正方法】：

被壓腿要正對胸前，大腿根部收緊，挺膝，盡量把腳尖勾緊。

2.側壓腿

①右腿屈膝半蹲，左腿側伸，膝關節挺直，腳尖向上勾緊，左臂屈肘置於胸前，左臂屈肘架於頭，上體向側前方做壓振。

②身體側面對一定高度的物體或肋木。上體向側前方做壓振（圖28、29）。

圖28

圖 29

【要點、練習步驟、易犯錯誤和糾正方法】：

均與「正壓腿」相同。

3.後壓腿

①左腿屈膝全蹲，右腿向後伸直，腳尖繃直，膝蓋和腳背著地；上體做後仰壓振動作（圖30）。

②背對一定高度的物體或肋木，然後左腿支撐；右腿後伸，將腳背放在一與髖同高的物體上，腳面繃直；上體做後仰的壓振動作（圖31）。

【要點】：

挺胸、展髖、上體後仰。

【練習步驟】：

1.先站立做些轉腰、展髖、仰身動作。

2.注意動作要點，振壓幅度逐漸加大，左右交替練習；

圖 30

圖 31

每一次練習後，結合做一些腿的踢擺動作，之後再進行練習。

【易犯錯誤】：

腿不直、髖不正、站立不穩。

【糾正方法】：

肩放平，髖轉正，後腿正對體後，兩膝挺直並保持適度緊張，支撐腿腳趾抓地。

4.仆步壓腿

右腿屈膝全蹲，左腿挺膝伸直，腳尖裡扣；兩手分別抓握兩腳外側，成仆步向下壓振（圖32）。

【要點】：

挺胸、塌腰、沉髖。

【練習步驟】：

1.可先兩手放在兩腿膝關節上，上體盡量立起，做上下壓振練習。

2.兩手抓握兩腳外側，塌腰、襠部盡量下沉接近地面，壓、耗結合。左右仆步轉換交替練習。

圖32

【易犯錯誤】：

仆腿不直，腳掌外側離地。

【糾正方法】：

兩手分別壓住膝關節，做前腳外側抵住固定物體的壓振練習。

二、扳 腿

1.正扳腿

右腿直立，左腿屈膝上提，右手握住左腳外側，左手抱膝（圖33）。然後，右手握住左腳上扳，同時左腿挺膝向前上方舉起，左手壓住左腿膝關節（圖34）。也可由同伴托住腳跟上扳（圖35）。

圖33

圖34

圖 35

【要點】：

挺胸、塌腰、收髖、挺膝，腳尖勾緊，支撐腿和上體盡量保持正直。

【練習步驟、易犯錯誤和糾正方法】：

均與「正壓腿」相同。

2.側扳腿

右腿直立，左腿屈膝提起，左手經小腿內側托住腳跟。然後將左腿向左上方扳起（圖36）。也可由同伴托住腳跟向側上扳腿（圖37）。

【要點】：

支撐腿與上體要正直，開髖，別膀。

【練習步驟】：

1.側扳腿難度較大，需具備一定的柔韌素質，練習前應

圖 36　　　　　　　圖 37

先做壓腿、下叉練習。最好有同伴協助，逐漸用力上扳，到極限後應耗一會兒，再結合做些踢腿動作。左右交替練習。

【易犯錯誤】：

合髖，兩腿膝關節彎曲，站立不穩。

【糾正方法】：

異側手扶住物體，上體直立，兩腿膝關節挺直，開髖，支撐腿腳趾抓地。

3.後扳腿

手扶一定高度的物體或肋木。左腿支撐，由同伴托起右腿從身後向上扳舉（圖38）。

【要點】：

挺胸、塌腰、髖放正。

圖 38

【練習步驟、易犯錯誤和糾正方法】：

參考「後壓腿」。

三、劈　腿

1.豎叉

兩臂側平舉或扶地；兩腿前後分開成直線，左腿後側著地，腳尖朝上；右腿內側或前側著地（圖39）。

【要點】：

挺胸、立腰、沉髖、挺膝，兩腿成一條直線。

【練習步驟】：

1.劈叉前應先做壓腿等練習，然後手扶肋木做逐步向下劈腿動作。

2.做手不扶地向下劈叉。上體可配合做前俯後仰動作，前俯時也可雙手握住前腳，下頜盡力前伸，接近腳尖，並耗

圖 39

一會兒。

　　3.同伴幫助，兩手向後扳其雙肩，腳踩其後腿根部，上下踩振並踩住後適當耗一會兒；向前俯身也可採用此方法，但最好是用雙手按其髖部或腰部向前、向下助力。

　　【易犯錯誤】：

　　①兩腿不在一條直線上，後腿膝關節彎屈。

　　②前腿腳尖不朝上。

　　【糾正方法】：

　　①髖轉正，後腿膝關節挺直。

　　②前腿腳尖朝上勾緊。

　　2.橫叉

　　兩臂側平舉或在體前扶地。兩腿左右分開成直線，腳內側著地或腳尖上翹（圖40）。

　　【要點】：

　　練習步驟、易犯錯誤和糾正方法參考「豎叉」。

圖 40

四、控　腿

右腿支撐；左腿屈膝上提，隨之向左側上方舉起，膝關節挺直，腳面繃平（圖41）。

【要點】：

支撐腿腳趾抓地立直；收腹、立腰，頭向上頂；左腿充分上提，股四頭肌繃緊，膝關節挺直，腳面繃平用力上舉。

【練習步驟】：

1.側控腿屬高難動作，是腿功的集中體現。只有堅持不斷地堅持壓腿、扳腿、劈叉，並且腿能扳過頭頂，叉能下到底，再堅持做控腿練習提高大腿部肌力，才有可能做好控腿。

2.要在髖和腿各關節、肌肉、韌帶充分活動開後再進行側控腿練習。扳腿與控腿連接練習效果最好。

【易犯錯誤和糾正方法】：

參考其他腿功。

圖 41

第二章 基本動作

　　基本動作，是指武術各項目中，簡單的、不可缺少的典型的各種類型動作，它是發展難度動作的基礎，並對學習同類動作起正誘導作用。

　　徒手練習的內容包括：手型、步型、手法、步法、腿法、跳躍、平衡、跌撲滾翻動作。

第一節 手型

　　拳、掌、勾三種手型是習武者首先接觸的最簡單、最基本，同時也是最重要的基本動作。初學者一定要反覆認真地練習，發現錯誤及時糾正，直至完全掌握動作。

一、拳

　　四指併攏卷握，拇指緊扣食指和中指的第二指節（圖42）。

【要點】：

拳握緊，拳面平，直腕。

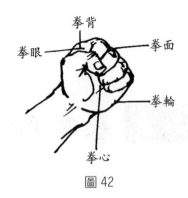

圖 42

二、掌

四指併攏伸直，拇指伸直緊扣於虎口處（圖43）。

【要點】：

手指併攏，掌心展開，豎指。

三、勾

五指第一指節捏攏在一起，屈腕（圖44）。

【要點】：

五指齊平，腕屈緊。

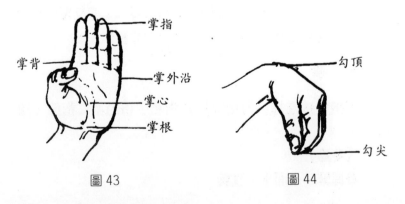

圖 43　　　　　　　圖 44

第二節 步 型

步型練習，重點是學習掌握最主要的基本步型，增進腿部力量，規範下肢動作和提高兩腿的穩固性。

一、弓 步

左腳向前一大步（約為本人腳長的4～5倍），腳微內扣，屈膝半蹲（大腿接近水平），膝與腳尖垂直；右腿挺膝伸直，腳尖內扣，兩腳全腳著地。上體正對前方，眼向前平視，兩手抱拳於腰間（圖45）。

【要點】：

前腿弓、後腿繃；挺胸、塌腰、沉髖。

【練習步驟】：

1.先按動作要求擺好弓步姿勢，體會身體各部位感覺。

圖45

2.口令指揮式練習。併步抱拳站立，下頦內收，頭向上頂，收腹、挺胸。

①左腳向前邁一大步成弓步，儘可能一步成型，糾正動作，停留片刻。

②前腳收回，不晃動，還原成併步抱拳。左右交替練習。也可行進間練習。

【易犯錯誤】：

後腳拔跟、掀掌，髖不正。

【糾正方法】：

強調腳跟蹬地，腳外側壓住地面，挺膝，把髖轉正。

二、馬　步

兩腳平行開立（約為本人腳長的３倍），腳尖正對前方，屈膝半蹲，膝關節不超過腳尖，大腿接近水平，全腳著地，身體重心落於兩腿之間，兩手抱拳於腰間（圖46）。

圖46

【要點】：

挺胸、塌腰，腳跟外蹬。

【練習步驟】：

與「弓步」相同。

【易犯錯誤】：

八字腳，跪腿，上體前俯。

【糾正方法】：

腳尖朝前，腳跟外蹬；兩膝微扣，膝關節不超越腳尖；上體正直，挺胸、塌腰、斂臀。

三、仆 步

右腳向右側邁步，右腿屈膝全蹲，臀部盡量下落，接近小腿，腳和膝關節外展；左腿挺直平仆，腳尖裡扣，全腳掌著地（圖47）。

【要點】：

挺胸、塌腰、沉髖。

圖47

【練習步驟】：

參考「弓步」。

【易犯錯誤】：

夾胯，仆腿不直，腳掌掀起，外展。

【糾正方法】：

全蹲腿膝關節與腳外展 45°；挺膝，腳尖勾緊，腳掌壓住地面。

四、虛　步

右腳尖外展 45°，右腿屈膝半蹲；左腳向前伸出，膝關節微屈，以腳前掌虛點地面，腳面繃平並稍內扣（圖 48）。

【要點】：

挺胸、塌腰，身體重心落在右腿。

【練習步驟】：

參考「弓步」。

圖 48

【易犯錯誤】：

支撐腿蹲不下去，步幅小。

【糾正方法】：

①一手扶肋木，按動作規格要求，進行虛步的樁功練習，並逐步增加時間和減少手扶肋木的助力。

②進行單腿的深蹲練習。

五、歇　步

右腳向左腳後插步，前腳掌著地，兩腿交叉，然後屈膝全蹲，臀部坐於右小腿上（圖49）。

【要點】：

挺胸、塌腰，兩腿靠攏並貼緊。

【練習步驟】：

參考「弓步」。

【易犯錯誤】：

插腿的角度與步幅不合適，造成兩腿盤不緊和跪腿。

圖 49

【糾正方法】：

調整和體會插腿的角度與步幅，前腳尖充分外展，兩腿貼緊，臀部坐在小腿上。

第三節　手　法

手法練習是在運動中規範拳、掌、勾三種手型，並結合上肢衝、架、推、亮等方法，按上肢手法的基本規律反覆操練的一種練習。

一、衝　拳

分平拳與立拳兩種。平拳拳心向下，立拳拳眼向上。

1.兩腳開步站立，與肩同寬；兩手握拳抱於腰間，肘尖向後，拳心向上；眼視前方（圖50）。

圖50

圖 51   圖 52

2.左臂內旋，左拳從腰間向前衝出，力達拳面，高與肩平；眼視左拳。左右交替練習（圖 51、52）。

【要點】：

擰腰、順肩，力達拳面。

【練習步驟】：

1.進行慢動作左右衝拳練習。注意體會擰腰、順肩、旋臂、力達拳面和衝拳、收拳前臂貼肋的動作要領。

2.在掌握動作方法的基礎上，注意速度由慢到快，體會寸勁，並有節奏感。

3.結合步型做衝拳練習。

【易犯錯誤】：

衝拳時，肘外展；旋臂早，衝拳沒有寸勁。

【糾正方法】：

衝拳時，注意肘要貼肋運行；當肘離開肋後快速旋臂，要有寸勁。

二、架　拳

1.開步站立同肩寬；兩拳抱於腰肩，拳心向上；眼視前方（圖53）。

2.右拳向下經腹前向左、向上、向右前上方旋臂架起，臂微屈，拳眼向下，頭向左轉；右拳下落，還原成抱拳；眼視左方（圖54）。

【要點】：

旋臂、沉肩，拳上撐。

【練習步驟】：

參考「衝拳」。

【易犯錯誤】：

架拳時臂易伸直。

圖53

圖54

【糾正方法】：

練習時注意旋臂上架，臂微屈。

三、貫　拳

1.併步站立；兩手握拳抱於腰部兩側；眼視前方（圖55）。

2.左腳向前上步，右腿伸直成左弓步；右拳從體側向前上方弧形橫擊，肘關節微屈，拳眼朝下；眼視右拳（圖56）。

【要點】：

以腰帶臂，力達拳面。

【練習步驟】：

參考「衝拳」。

圖 55

圖 56

【易犯錯誤】：

貫拳力點不準確。

【糾正方法】：

另一隻手側伸，直臂向前上方伸出做靶子。貫舉之手，拳要握緊，拳面要平，旋臂、翹腕，注意屈肘角度，使整個拳面接觸目標。如能結合擊打沙包或手靶效果則更佳。

四、砸　拳

1.併步站立；兩臂垂於大腿外側；眼視前方（圖57）。

2.右手握拳上舉；左掌置於腹前，掌心向上（圖58）。

3.右臂屈肘，以拳背為力點砸於左掌心上；同時兩腿屈膝下蹲（圖59）。

【要點】：

收腹、挺胸、塌腰。

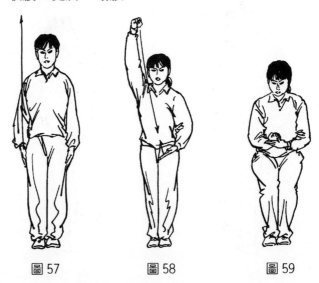

圖57　　　　　　圖58　　　　　　圖59

【練習步驟】：

1.直體站立，由輕到重，做右拳下砸，左手迎擊，體會力點的練習。

2.完整練習（或結合震腳）體會動作的整體配合。

【易犯錯誤】：

動作鬆懈無力。

【糾正方法】：

注意動作要點，要求兩腿併緊，頭向上頂，整個動作要乾淨俐落，砸拳聲音清脆響亮。

五、推　掌

1.開步站立，兩拳抱於腰間，拳心朝上；眼視前方（圖60）。

2.左拳變掌向前推出，小拇指一側朝前；眼視左掌（圖61）。

圖60

圖61

圖62

3.左掌變拳收於腰間；同時右拳變掌向前推出（圖
62）。

【要點】：

撐腰、順肩、翹掌，力達掌根。

【練習步驟、易犯錯誤和糾正方法】：

均參照「衝拳」。

六、亮　掌

1.開步站立，兩拳抱於腰間，拳心朝上；眼視前方（圖
63）。

2.右拳變掌，經體側向右、向上畫弧，至頭的右上方時
抖腕亮掌，臂微屈，掌心斜向上；在抖腕的同時頭向左轉；
眼視左方（圖64）。

圖 63　　　　　　　　　圖 64

【要點】：

抖腕、亮掌和轉頭要同時完成。

【練習步驟】：

1.慢動作練習，體會動作運行路線以及抖腕、亮掌和轉頭的協調配合。

2.快速亮掌動作練習，抖腕與轉頭要脆快一致。

3.左右交替練習。

【易犯錯誤】：

抖腕與轉頭動作慢，沒有頓挫感。

【糾正方法】：

1.強調動作要點；注意練習步驟。

2.用口令指揮，要短促有力，或配合快速響亮的擊掌，加強練習者的節奏感。

七、頂 肘

1.開步站立；兩拳抱於腰間；眼視前方（圖65）。

2.右臂內旋提至胸前，拳心向下；左拳變掌扶於右拳面（圖66）。

3.右肘向右頂擊，同時左掌向右助推；頭向右轉；眼視右方（圖67）。

【要點】：

頂肘時，右臂保持水平，力達肘尖。

【練習步驟】：

參考「衝拳」。

【易犯錯誤】：

掀肘、聳肩。

圖65

圖66

圖 67

【糾正方法】：

練習時注意沉肩，臂端平。

八、盤　肘

1.開步站立；兩拳抱於腰間；眼視前方（圖 68）。

2.右拳直臂向右側伸出，拳心向下；頭向右轉；眼視右拳（圖 69）。

3.上動不停，右臂屈肘內夾，與肩同高（圖 70）。

【要點】：

注意動作連貫，力達前臂。

【練習方法】：

參考「衝拳」。

【易犯錯誤】：

聳肩，盤肘不緊。

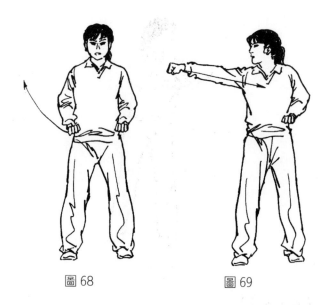

圖 68　　　　　　　　圖 69

圖 70

　武術基本功與基本動作

【糾正方法】：

練習時，注意沉肩，前臂夾緊。

第四節　步　法

步法練習，主要是掌握最基本的步法，發展兩腿移動和轉換的靈活性，為學習套路打基礎。

一、上　步

1. 錯步站立；兩拳抱於腰間；眼視前方（圖71）。
2. 左腳越過右腿向前邁步（圖72）。

【要點】：

直線向前上步，起、落要快而輕。

圖71　　　　　　　　　　圖72

二、退　步

1.錯步站立；兩拳抱於腰間；眼視前方（圖73）。

2.左腳越過右腿向後退步（圖74）。

【要點】：

直線退步，起、落要快而輕。

三、蓋　步

1.開步站立；兩拳抱於腰間；眼視前方（圖75）。

2.右腳提起，經左腳前向左側橫邁一步，成兩腿交叉（圖76）。

【要點】：

橫邁步要輕靈，步幅不宜過大。

圖73

圖74

圖 75   圖 76

四、插　步

1.開步站立；兩拳抱於腰間（圖 77）。

2.右腳提起，經左腳後左側橫邁一步，腳前掌著地，兩腿交叉，重心偏於左腿（圖 78）。

【要點】：

擰腰，插步要輕快。

五、擊　步

1.併步站立；兩拳抱於腰間（圖 79）。

2.左腳向前邁步，右腳跟提起；上提略前傾（圖 80）。

3.左腳蹬地跳起，在空中右腳向前擊碰左腳（圖 81）。

4.右、左腳依次落地（圖 82）。

圖 77

圖 78

圖 79

圖 80

圖 81   圖 82

【要點】：

在空中，上體要保持正直並側對運行方向。

【練習步驟】：

1.做原地左腳蹬地向上縱起的空中併腿練習。體會動作要點，保持基本身型。

2.結合手法做行進間擊步練習。

【易犯錯誤】：

空中運行身體歪斜，距離短。

【糾正方法】：

加強兩腳併攏的原地縱跳練習，在空中注意兩腿併緊、收腹，頭向上頂，保持身體正直；完整練習時，要加快起動速度，左腳蹬地要有力。

六、弧行步

1.併步站立；兩拳抱於腰間（圖83）。

2.兩腿屈膝，右、左腳依次向側前方弧線行步（圖84、85）。

【要點】：

步幅連貫均勻，重心平穩，上身略向內側傾斜。

【練習步驟】：

1.屈膝，臀部下坐保持半蹲姿勢，做直線的由腳跟過渡到全腳掌的行走練習。行進的速度不宜太快，重點抓步法，保持身體姿勢，不得有起伏。

2.完整的弧行步練習。要求步幅連貫、均勻、輕快、平穩。

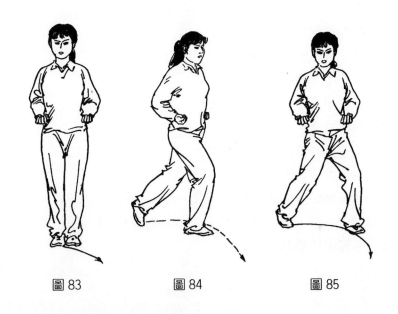

圖83　　　　　圖84　　　　　圖85

【易犯錯誤】：

身體重心起伏、腳跟踮起。

【糾正方法】：

放慢速度，注意臀部下坐，保持膝關節彎曲角度，要求腳跟先著地。

第五節 腿 法

腿法練習主要是增進腿部屈伸、擺動、掃轉等運動能力。分直擺性腿法、屈伸性腿法和掃轉性腿法。

一、正踢腿

1.併步站立；臂側平舉，立掌向兩側平撐；眼視前方（圖86）。

圖86

圖87

圖88   圖89

2.左腳向前邁半步，左腿伸直支撐，右腳跟提起（圖87）。

3.右腿伸直，腳尖勾緊向前額處踢起（圖88）。

4.右腿保持適度緊張向前下落，腳面繃平輕著地面（圖89）。

【要點】：

收腹、立腰、挺胸、腳尖勾起繃落或勾起勾落。

【練習步驟】：

1.先做壓腿和劈腿練習。

2.手扶肋木或支撐物的原地踢腿練習。

3.左右交替的行進間踢腿練習。

【易犯錯誤】：

1.弓身彎腿。

2.踢腿速度緩慢無力。

【糾正方法】：

1.強調收下頦、頭上頂，立腰，兩掌外撐固定胸廓。兩腿膝關節挺直。放慢踢腿速度，降低踢腿高度，矯正基本身型。

2.多做手扶支撐物的一腿連續快速的踢腿練習，以增強腿部肌肉速度和力量，並要求收髖收腹，踢腿過腰後加速，腳尖勾緊要有寸勁。

二、側踢腿

1.併步站立；兩掌分撐於體側；眼視前方（圖90）。

2.右腳向前蓋步，身體右轉，左腳尖勾起向左耳側踢起；同時，右臂上舉亮掌，左掌屈肘立於右肩前（圖91、92）。

3.左腳保持適度緊張下落，腳面繃平輕著地面（圖

圖90

圖91

圖 92

圖 93

93）。

【要點】：

挺胸、立腰、側身、開髖。

【練習步驟】：

與正踢腿相同。

【易犯錯誤】：

側身不夠，向上送髖，支撐腿彎屈。

【糾正方法】：

支撐腿腳尖外展，上體右轉保持正直，擺動腿大腿根部收緊向耳側踢。

三、外擺腿

1.併步站立；兩掌分撐於體側；眼視前方（圖94）。

2.左腳向前邁步支撐，右腳腳尖勾緊向左側上方直腿踢

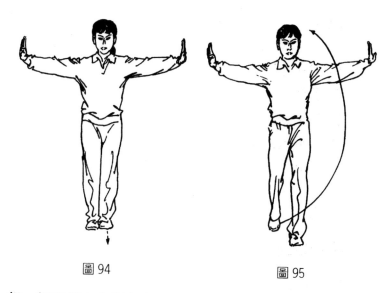

圖 94　　　　　　　　　　　　圖 95

起，經面前向右側上方擺動，而後保持適度的緊張下落，
還原成預備姿勢（圖95、96、97）。

圖 96　　　　　　　　　　　　圖 97

【要點】：

挺胸、立腰、收腹、展髖，先踢後擺，幅度要大。

【練習步驟】：

同正踢腿。

【易犯錯誤】：

夾胯，外擺幅度不夠。

【糾正方法】：

①加強劈叉等髖關節柔韌性練習。

②擺腿時可先放低高度，充分展髖加大外擺幅度。

四、裡合腿

1.併步站立；兩掌分撐於體側（圖98）。

2.左腳向前上半步支撐，右腳尖勾起，向右側上方直腿

圖98

踢起，經臉前向左側上方直腿擺動，而後保持適度的緊張下落，腳前掌輕著地面（圖99、100、101、102）。

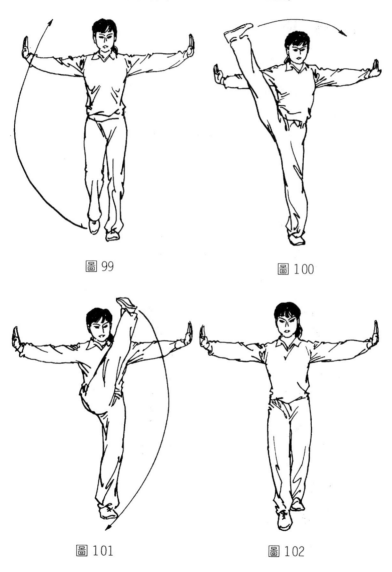

圖 99

圖 100

圖 101

圖 102

【要點】：
練習步驟、易犯錯誤和糾正方法均與外擺腿相同。

五、彈　腿

1.併步站立；兩拳抱於腰間；眼視前方（圖103）。

2.左腳向前邁步，左腿伸直支撐，右腿屈膝提起，大腿與腰平（圖104）。

3.上動不停，右腿迅速挺膝，右腳面繃平，以腳尖為力點向前彈擊，大腿與小腿成一直線，高與腰平（圖105）。

【要點】：
挺胸、收腹、立腰、收髖、挺膝，彈擊要有寸勁。

【練習步驟】：
1.原地提膝繃腳尖，做慢伸膝的練習，並適當加以控腿，體會動作路線及要點。

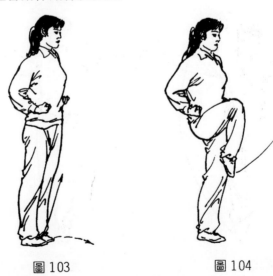

圖103　　　　　　　圖104

圖 105

2.上步低彈腿練習，體會爆發用力。

3.行進間左右交替彈腿練習。

4.結合衝拳或推掌的行進間練習。

【易犯錯誤】：

力點不準確，屈伸不明顯，類似踢擺動作。

【糾正方法】：

強調動作要點，增加提膝高度，注意腳面繃緊，腳不要抖動。並適當進行控腿訓練以增強大腿肌力。

六、側端腿

1.併步站立；兩拳抱於腰間；眼視前方（圖 106）。

2.右腳向左側蓋步，膝關節微屈；左腿伸直；頭向左轉，眼視左方（圖 107）。

3.右腿伸直支撐，左腿屈膝提起，腳尖內扣，腳跟用力

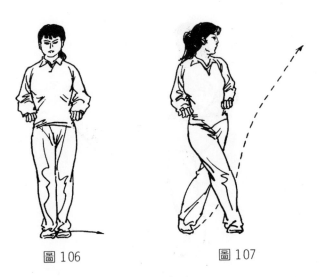

圖 106　　　　　圖 107

向左側上方踹出；同時，上體右傾，眼視左方（圖 108）。

【要點】：

開髖、挺膝，力達腳跟。

圖 108

【練習步驟】：

1.手扶肋木或支撐物做慢動作側踹腿練習，體會動作要點和起腿的動作路線。

2.原地做側踹腿練習，體會挺膝和爆發用力。

3.做行進間左右交替的側踹腿練習。

【易犯錯誤】：

夾胯，腳尖斜朝上似蹬腿。

【糾正方法】：

強調先側身收髖，大腿與小腿平行收緊，腳尖內扣再開髖，挺膝向側上方踹出。或手扶肋練習，體會動作要點和規格要求矯正姿勢。

七、前掃腿

1.併步站立，兩臂垂於體側；眼視前方（圖109）。

圖109

2.左腳向右插步，腳跟提起，右腿膝關節稍屈；同時兩掌經體左側向上、向右擺掌，右臂伸直，左臂屈肘，左掌置於右肩前，兩掌指尖朝上；頭向右轉，眼視右掌（圖110）。

3.兩腳掌碾轉，同時身體左轉180°，左膝彎屈，右腿伸直成橫襠步；隨轉體，左掌經右臂上穿出架於頭部左上方，右掌向右、向下、向後擺掌變勾手，勾尖朝上（圖111）。

4.上動不停，身體繼續快速向左擰轉，隨轉體，左腳尖外擺，腳跟提起，屈膝全蹲，以前腳掌為軸向左碾轉；同時右腿平仆，腳尖內扣，腳掌貼地向左掃轉一周（圖112、113）。

【要點】：

穿掌、下蹲、轉體、掃腿要連貫。以腰帶腿貼地掃轉，頭要保持上頂。

圖110　　　　　　　　　圖111

圖112

圖113

【練習步驟】：

1.做站立姿勢的掃腿練習，體會動作要點，解決上下肢的協調配合。

2.做單手或雙手扶地的前掃腿練習，以掌握身體重心，維持平衡。

3.完整動作練習。

【易犯錯誤】：

1.左腿屈膝角度不夠，掃腿時重心過高。

2.身體重心不穩。

3.掃腿速度緩慢，或者中斷。

【糾正方法】：

1.在掃轉起動的同時，強調左腿迅速全蹲。

2.掃轉時要保持頭向上頂、挺胸、立腰，當動作將終止時，上體微向前傾，腳尖勾緊，腳外側主動前撐，全腳掌壓住地面。

3.注意右臂的領帶與轉頭、擰腰、下蹲、仆步掃轉動作要銜接連貫，右腳掌輕擦地面。

八、後掃腿

1.併步站立，兩臂垂於體側；眼視前方（圖114）。

2.左腳向前邁步或左弓步；同時兩掌經腰間向前推掌

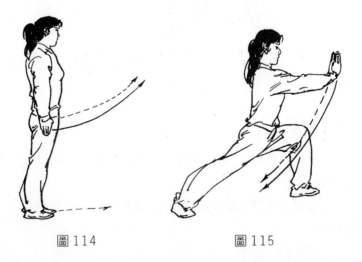

圖114   圖115

（圖115）。

3.左腿屈膝全蹲，右腿平仆；同時腰向右擰轉，上體前俯，兩掌推地，隨即以左腳掌為軸，右腳掌貼地向後掃轉一周（圖116、117、118）。

【要點】：

擰腰、俯身、推地、掃轉要連貫，上下肢動作不要脫節。

圖116

圖117

圖 118

【練習步驟】：

1.做撐腰、俯身、手撐地的練習，找準扶地位置。

2.做手推地掃轉半周的練習，體會動作要點和動作的連貫性。做到右腿伸直，右腳全貼地面。

3.完整動作練習。

【易犯錯誤】：

1.撅臀，右腿彎屈，腳尖擦地或離開地面。

2.掃腿速度慢，達不到一周。

【糾正方法】：

1.沉髖、挺膝、腳貼住地面，不要過早起身。

2.要借助撐腰、轉體和雙手推地的慣性，增加掃腿速度。

九、拍　腳

1.併步站立，兩臂側平舉；眼視前方（圖119）。

2.左腳向前邁步，左腿伸直支撐；右腳面繃平，直腿向

圖 119

上踢擺；同時，右掌在額前擊拍右腳面，而後右腿保持適度緊張下落，以腳前掌著地（圖 120、121、122）。

【要點】：

挺胸、立腰、收腹、收髖，擊拍要準確，響亮。

【練習步驟】：

1.原地（或手扶肋木）的踢擺擊拍練習。

2.行進間左右腿交替練習。

【易犯錯誤】：

1.拍腳時向前弓腰或仰身送髖。

2.擊拍不響亮。

【糾正方法】：

1.強調動作要點，頭向上頂，上體保持正直。

2.快速向上踢擺，腳面繃平，擊拍手五指併攏，掌心微含，要準確有力。

圖 120　　　　　　　　　圖 121

圖 122

第六節 跳 躍

　　跳躍，是指一腿或兩腿蹬地向上跳起，使身體騰空，在空中完成各種手法、腿法等動作。它對增強腿部力量、提高彈跳能力具有很好的作用，是基本動作練習的組成部分之一。武術跳躍動作的種類較多，下面介紹幾種常見的跳躍動作。

一、騰空飛腳

　　1.併步站立，兩臂垂於體側；眼視前方（圖123）。
　　2.右腳向前邁步，膝關節稍伸直，以腳跟著地；上體稍後仰；同時，兩臂自然後擺（圖124）。
　　3.右腳踏實用力蹬地向上跳起，左腿隨之上擺，膝關節

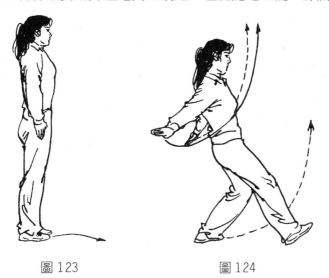

圖123　　　　　　　　　圖124

彎曲；同時兩臂向上擺起，右掌以掌背碰擊左掌心；眼向前平視（圖125）。

4.身體向上騰起；右腿挺膝向前上方踢擺，腳面繃平，左腿上提收緊；同時左掌直臂擺至頭部左上方，右掌拍擊右腳面；眼視右腳（圖126）。

5.左右腳依次落地（圖127）。

【要點】：

起跳腿要充分蹬伸，上體後傾要伴隨向前送髖，同時提氣、立腰、頭上頂，兩臂和擺動腿快速上擺；空中動作要收髖、收腹上體稍前壓；落地動作要用前腳掌先著地，然後過渡到全腳，隨之屈膝、屈髖加以緩衝，並保持適度緊張。

【練習步驟】：

1.原地或行進間拍腳練習。

2.原地或行進間蹬地、提膝，兩手在頭上做擊響動作的

圖125

圖126

圖127

練習。

　　3.快速的上步或擊步的擺臂練習。

　　4.上步騰空飛腳動作練習。

　　【易犯錯誤】：

　　1.空中動作向前側身送髖，膝關節彎屈勾腳尖。

　　2.起跳後上體過於前俯、彎腰、坐臀。

　　3.落地時身體後仰。

　　【糾正方法】：

　　1.做原地彈腿或向上踢擺腿練習。強調收髖、挺膝、腳面繃緊。

　　2.多做行進間單拍腳練習。強調挺胸、立腰、斂臀、支撐腿伸直。

　　3.強調在空中造型的瞬間，注意身體不可突然放鬆，要保持收腹、收髖，眼注視擊拍腳。

二、旋風腳

1.併步站立，兩臂垂於體側；眼視前方（圖128）。

2.左腳向前邁步，身體右轉，左手前擺，右臂伸直後擺（圖129）。

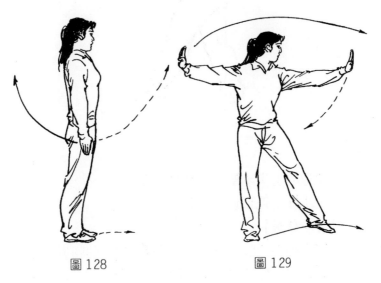

圖128　　　　　　　圖129

3.身體左轉稍前俯，同時右腳向前上步，屈膝，腳尖內扣；右臂隨之向上掄擺（圖130）。

4.右腳蹬地向上縱起，同時左腿屈膝提起向左後上方擺動；上體隨之向左上方擰轉，兩臂向下、向左上方掄擺（圖131）。

5.在空中，身體旋轉一周；同時，右腿向上、向左裡合，左掌在臉前迎擊右腳掌（圖132）。

6.左右腳依次或同時以腳前掌領先落地。

圖 130　　　　　　　　　　圖 131

圖 132

【要點】：

起跳時，隨前腳掌蹍轉地面，要積極擺臂、擰腰，使踝、膝、髖關節充分蹬伸；空中動作要斂臀、立腰、頭上頂，身體的旋轉不得少於 270°；落地要用前腳掌先接觸地面，膝關節微屈。

【練習步驟】：

1.原地或行進間做裡合腿擊響轉體練習。

2.向前連續地做右腳踏跳、擺臂、轉體 360°的「轉體跳」練習。

3.原地做蹬地縱起轉體 90°的裡合腿擊響練習。

4.完整動作練習。

【易犯錯誤】：

1.轉體角度不夠。

2.弓腰、坐髖。

3.起跳後上體後仰。

【糾正方法】：

1.多做「轉體跳」練習。

2.多做裡合腿練習。要求在裡合時支撐腿腳尖著地或稍離地面，膝關節挺直，斂臀提肛，立腰拔頂。

3.在踏跳時，向前俯身和向上翻轉動作不可過大，上體要保持正直，收腹、立腰，頭向上頂，眼平視。

三、騰空外擺蓮

1.併步站立，兩臂垂於體側；眼視前方（圖 133）。

2.右腳向前弧形進步，腳跟著地，腳尖外擺，上體稍向右轉；同時兩臂後擺（圖 134）。

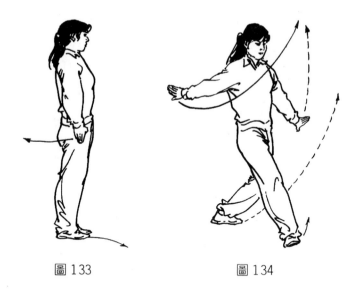

圖 133　　　　　　　　　圖 134

3.右腳蹬地向上跳起，左腿向右上方踢擺；兩掌隨之上擺於頭上方擊響，身體騰空繼續向右旋轉（圖135）。

4.在空中左腿屈膝，右腿向上、向右踢擺；同時，兩手先左後右依次擊拍右腳面，上體稍前俯；眼視右腳（圖136）。

5.左右腳依次落地或雙腳同時落地。

【要點】：

上步成弧形，身體稍向右傾；右腳蹬地要送髖，腳尖外展，踝、膝、髖關節要充分伸展；左腿盡力上擺或屈膝提起；兩臂弧形用力上擺；身體快速右轉，稍前傾；外擺腿要開胯挺膝經面前向右弧形擺動，腳面繃平；擺動腿如做分腿，要開胯、挺膝，腳向外蹬伸；如做提膝，要隨轉體盡力上提並向裡合扣；落地時無論是單、雙腳，都要以腳前掌領先，注意屈踝、屈膝，並保持適度緊張。

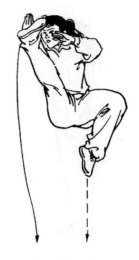

圖 135　　　　　　　　圖 136

【練習步驟】：

1.原地或行進間外擺腿練習。

2.進右步→左腿裡合→向右轉身，右腿外擺蓮的組合動作練習。

3.上右步起跳，擺扣左腿，或兩腿併攏；兩手在頭上擊響，向右轉體360°的「轉體跳」練習。

4.完整動作練習。

【易犯錯誤】：

1.轉體不夠。

2.擊拍不響亮，擺腿幅度小。

【糾正方法】：

1.注意腳尖外擺和蹬地起跳角度，可多做向右轉體360°的「轉體跳」練習。

2.可多做外擺腿擊響練習。

四、旋 子

1.併步站立，兩臂垂於體側；眼視前方（圖137）。

2.身體右轉，左腳向左邁步；兩臂向右平擺（圖138）。

3.上體前俯並向左後上方擰轉；兩臂隨身體向左平擺；同時右腿向後上方擺起，左腳蹬地，左腿相繼向後上方擺起，使身體在空中平旋一周（圖139、140、141）。

【要點】：

蹬地、轉頭、擺臂、甩腰以及擺腿幾個環節要協調、連貫。

【練習步驟】：

1.原地燕式平衡練習，以解決後擺腿的伸直高擺和身體成反弓狀的空中造型。

2.上步向左擰腰撒膀接燕式平衡的旋轉練習。以解決擰腰、擺臂和後撩腿的協調配合。

圖137

圖138

圖139

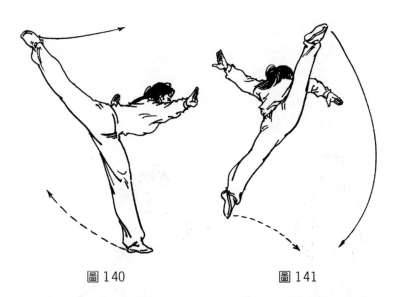

圖140   圖141

　　3.抄把練習。保護者左手握住練習者的左臂或左手腕，
右手貼於練習者腹部，當練習者起跳旋轉時給予向上和旋轉
的助力。

　　4.完整動作練習。

【易犯錯誤】：

1.低頭、翹臀和彎腿。

2.旋轉幅度小，起身過早。

【糾正方法】：

1.做手扶肋木的後撩腿練習和原地或旋轉的燕式平衡練習。強調抬頭、挺胸、塌腰、展髖、挺膝、繃腳面。

2.旋轉幅度小，要注意動作開始時左腳邁步要大，上體前俯向右擰轉，兩臂充分伸展，甩頭、撒膀與蹬地打腿要快速有力，整個動作要連貫協調；起身過早需強調，起身抬頭要和打腿同時進行，並可採用抄把輔助練習，以控制上體，增加後擺腿的高度。

五、大躍步前穿

1.併步站立，兩臂垂於體側；眼視前方（圖142）。

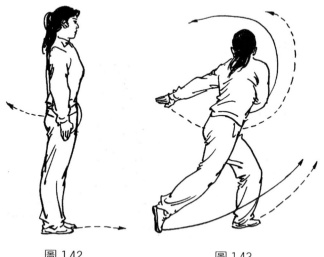

圖142　　　　　　　圖143

2.左腳向前進步，身體重心前移，右腳跟提起；同時兩臂向左後擺起（圖143）。

3.左腳蹬地，右腿前擺；身體向前躍起；同時兩臂上擺，身體在空中右轉，展腹、挺胸、背腿；眼視右掌（圖144）。

4.右腿落地全蹲，左腿隨即落地向前鏟出成仆步；右掌變拳抱於腰間，左掌下落置於右胸前；眼視左腳（圖145）。

【要點】：

擺臂與蹬跳要協調一致。要求跳得高，躍得遠，空中要挺胸、展腹，落地輕穩。

【練習步驟】：

1.做左腳蹬地、右腳向前跨越的步法練習。

2.走步式越穿動作練習。體會上下肢的協調配合與擺臂的路線。

圖144   圖145

3.完整動作練習。

【易犯錯誤】：

1.上下肢配合不協調。

2.縱跳不高，前躍不遠，空中未展體。

【糾正方法】：

1.加強練習步驟 1-2 的方法練習。

2.加大蹬地與擺臂的力量與速度，注意提氣、頭向上頂，挺胸展腹。提高上下肢配合的協調連貫性。

第七節 平 衡

平衡，是指單腿支撐身體，一腿懸起，形成各種造型的靜止姿勢。它包括持久性平衡和非持久性平衡兩大類。持久性平衡要求平衡時間須保持在兩秒鐘以上，非持久性平衡則沒有時間上的要求。下面介紹幾種常見的平衡動作。

一、提膝平衡

1.併步站立，兩掌垂於體側；眼視前方（圖 146）。

2.右腿伸直支撐，左腿屈膝提於胸前，腳面繃平內扣；兩手叉腰；眼視左方（圖 147）。

【要點】：

收腹、立腰、挺胸、頭上頂，支撐腿伸直，腳趾抓地。

【練習步驟】：

1.原地屈膝抱腿練習。即一手扣住腳背，另一手抱膝，兩手合力使大小腿向腹部貼緊，膝向胸部靠近，以增加提膝高度。

圖146   圖147

2.向左右兩側跨步的提膝動作練習，並結合控腿，以提高穩定性。

【易犯錯誤】：

1.支撐不穩。

2.腳尖勾翹。

3.提腿高度不夠。

【糾正方法】：

1.支撐腿順勢微屈膝，腳趾抓住地面；頭向上頂，氣沉丹田。

2.強調小腿收緊，腳面繃平。

3.多做抱膝和提膝控腿練習。

二、燕式平衡

1.併步半蹲，兩掌交叉於胸前；眼視前方（圖148）。

圖 148

2.左腿支撐，膝關節伸直；右腿膝關節伸直，腳面繃平向後上方擺起；上體前俯，抬頭；同時兩掌側平舉（圖149）。

【要點】：

兩腿伸直、後腿高舉、展腹、挺胸、抬頭，腰背成反弓形。

【練習步驟】：

1.做劈縱叉和扶肋木的後擺腿練習，注意抬頭，腰背肌要用力。

2.手扶支撐物，做後舉平衡練習，逐漸過渡到手離支撐物的控腿練習。

3.完整動作練習。

【易犯錯誤】：

1.支撐不穩。

2.造型不美（腰背未成反弓狀、兩腿伸不直、後舉腿高

圖 149

度不夠或勾腳尖）。

【糾正方法】：

1.支撐腿腳尖稍內扣，五趾抓地。

2.嚴格按練習步驟進行訓練，加強髖關節和腰背肌的柔韌和力量練習，並適當採取保護方法，一手托胸，一手托後舉腿，矯正姿勢，協助其完成動作。

三、望月平衡

1.併步站立，兩臂垂於體側；眼視前方（圖 150）。

2.右腳向左蓋步，兩腿屈膝；兩掌交叉於胸前；上體稍前傾（圖 151）。

3.右腿伸直支撐，左腿向後上方擺起，小腿屈收，腳面繃緊；上體側傾並向右擰腰；同時，兩臂側分並抖腕亮掌，左掌略高於頭，右掌略低於左小腿；頭向右轉，眼視右掌（圖 152）。

圖 150　　　　　　　　圖 151

圖 152

【要點】：

撐身、挺胸、塌腰，上體側傾並前俯。

【練習步驟】：

同燕式平衡。

【易犯錯誤】：

1.支撐不穩。

2.臀部上凸。

【糾正方法】：

1.腳尖微外擺，支撐腳五趾抓地，腰部擰緊。

2.挺胸、塌腰、展髖、背腿。

四、仰身平衡

1.併步站立，兩掌垂於體側；眼視前方（圖153）。

2.左腿支撐，右腿屈膝上提，兩掌交叉於胸前（圖154）。

3.上體後仰，右腿伸膝，腳面繃緊向前上方點擊；同時兩掌向兩側分開平舉（圖155）。

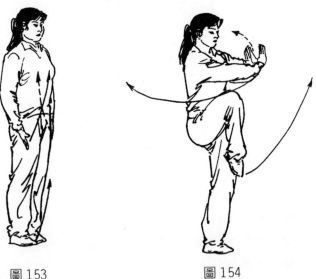

圖153

圖154

圖 155

【要點】：

上體後仰接近水平，前舉腿高於水平，支撐腿腳趾抓地。

【練習步驟】：

1.做直體前控腿練習。

2.手扶支撐物，做仰身舉腿練習，提高平衡和控腿能力。

3.完整動作練習。

【易犯錯誤】：

1.支撐不穩。

2.前舉腿控制不住。

【糾正方法】：

1.前舉腿與上體後仰要協調一致，支撐腿腳趾抓地。

2.多做前控腿練習。

五、側控腿平衡

1.併步站立，兩臂垂於體側；眼視前方（圖156）。

2.左腿屈膝，腳尖繃緊盡力上提，隨即向左側上方挺膝舉腿；同時，右掌抖腕亮掌於頭上方，左掌屈肘置於右胸前；頭向左轉，眼視左腳（圖157、158）。

【要點】：

左腿先盡力高提，收腹、立腰、頭上頂，隨即向外開髖，挺膝，舉腿，腳面繃平或腳尖勾起。

【練習步驟】：

1.做側身高壓腿和側搬腿練習，發展腿部柔韌性。

2.手扶支撐物，做高耗腿和控腿練習。

3.完整動作練習。

圖 156

圖 157

圖 158

【易犯錯誤】：

1.支撐不穩。

2.彎腰、兩腿伸不直。

【糾正方法】：

1.支撐腿腳趾抓地，頭上頂，全身保持適度的緊張以提高控制平衡的能力。

2.練習時注意立腰、挺膝，並加強髖關節和腿部柔韌性訓練。

第八節　跌撲滾翻

跌撲滾翻動作，對提高前庭器官的穩定性以及發展協調、靈敏、速度、力量素質和培養勇敢、頑強等意志品質都起著良好的作用。下面介紹常見的幾種。

一、搶　背

1.併步站立，兩臂垂於體側；眼視前方（圖159）。

2.右腳進步，膝關節彎曲，左腳跟提起；上體前俯，右掌前伸肘微屈；上體繼續前俯低頭弓身，右掌屈肘橫向扶地；眼視右掌（圖160、161）。

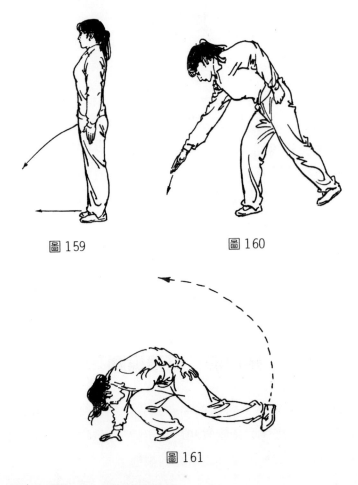

圖159

圖160

圖161

3.上動不停，下頦緊收，以右肩、背依次著地團身前滾；左、右腿屈膝依次著地，上體前俯，頭向上頂，兩腿逐漸伸直；兩臂自然下垂（圖162、163、164、165）。

圖162

圖163

圖 164

圖 165

【要點】：

下頦收緊、含胸，肩、背、腰、臀依次著地，滾翻要圓、快，立起要迅速。

【練習步驟】：

1.先做雙手扶地的前滾翻動作，重點體會低頭收緊下頦，含胸、團身的要領。

2.做右手扶地的搶背動作。

3.整個動作熟練後可加大難度，做騰空躍起的搶背動作。

【易犯錯誤】：

1.團身不緊。

2.滾翻速度慢。

【糾正方法】：

1.強調下頦收緊、含胸拱背、身體團縮。

2.上體主動前俯、快速蹬地、團身，整個動作要連貫、迅速。

二、後滾翻

1.併步站立，兩臂垂於體側；眼平視（圖166）。

2.右腳後撤一步屈膝全蹲；同時上體後仰，兩臂前伸；動作不停，臀部落地，團身，下頦收緊；同時兩臂後伸，兩腿快速後擺，腳掌著地，隨之兩掌推地，身體迅速立起（圖167、168、169、170）。

【要點】：

同搶背動作。

【練習步驟】：

1.先做撤右步屈膝全蹲；收下頦，臀、腰、背依次著地

圖166

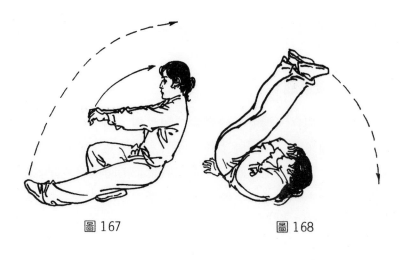

圖 167　　　　　　　　圖 168

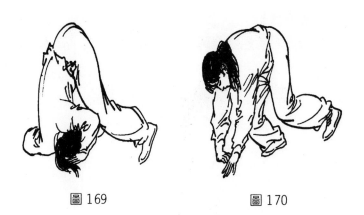

圖 169　　　　　　　　圖 170

動作。

　　2.兩腿併攏伸直，坐於墊上，做快速向後擺腿和團身動
作。

　　3.完整動作練習。

【易犯錯誤】：

1.滾翻不圓活。

2.滾翻速度慢、站立困難。

【糾正方法】：

1.強調動作要點、要求，下蹲、仰體、團身、推地要動作連貫。

2.當下蹲後仰身體失去重心後，要借其慣力，快速團身，向後擺腿，主動推地起身站立。也可採取保護方法，當練習者向後滾翻時用手給予助力，協助其完成動作。

三、栽　碑

1.併步站立，兩臂垂於體側；眼視前方（圖171）。

2.兩手握拳，屈肘置於胸前（圖172）。

圖171

圖172

圖 173

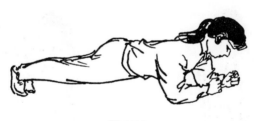

圖 174

3.腳跟提起，身體挺直前倒，以兩前臂和拳輪同時撐地（圖 173、174）。

【要點】：

合髖、提臀、腹、背肌收緊、閉氣、身體挺直前撲，當前臂接觸地面的瞬間，兩臂要抱緊，肘關節略帶緩衝。

【練習步驟】：

1.保護練習。當練習者挺身前倒時，保護人站在練習者體前托其前臂，以減慢前倒速度。或完全托住緩慢放下，幫助練習者體會動作要領。

2.面對呈斜坡的軟墊做挺身前倒的練習。隨著身體素質和動作技術的提高，將坡度逐漸降低直至去掉軟墊。

【易犯錯誤】：

1.由於害怕心理，致使前倒時動作變形。

2.倒地後造型動作鬆懈或凸臀。

【糾正方法】：

根據練習步驟，加強保護幫助，掌握動作要領，提高身體素質，不可操之過急。

四、鯉魚打挺

1.身體仰臥（圖 175）。

2.兩腿伸直上舉，兩掌扶於兩大腿上（圖 176）。

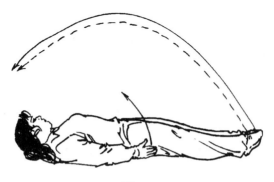

圖 175

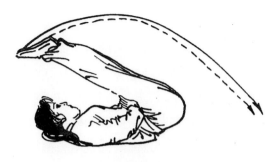

圖 176

圖 177

3.兩腿向前下方打腿，同時挺胸、挺腹、頭頂地，使身體騰空躍起（圖 177）。

【要點】：

打腿與挺腹要快速一致，兩腳站立寬不過肩。

【練習步驟】：

1.保護練習。當練習者向上打腿挺腹時乘勢插手將其托起。

2.先做兩手在兩耳側推地的振擺打挺，然後再逐步做到脫手的打挺。

【易犯錯誤】：

1.打腿與挺腹動作配合不協調，致使完不成動作。

2.打腿速度慢，腹、背肌力差，致使完不成動作。

【糾正方法】：

1.多做保護幫助練習，體會和掌握抬頭、挺胸、展腹、送髖的動作要領。

2.採取保護幫助練習。加強腹背肌素質練習。

五、撲　虎

1.併步站立，兩臂垂於體側；眼視前方（圖178）。

2.兩腿屈膝半蹲，同時兩臂後擺（圖179）。

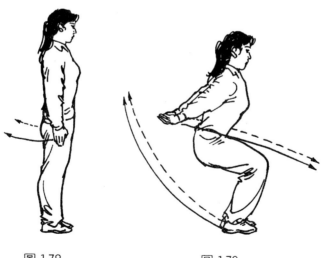

圖178　　　　　　　圖179

圖 180   圖 181

　　3.兩腳蹬地躍起，同時兩臂向前上方擺動，使身體向上、向前弧形撲出；兩掌先著地隨即屈肘，使胸、腹、大腿依次緩衝著地（圖180、181）。

　　【要點】：

　　躍起要高，落地要輕，手、胸、腹、膝依次著地。

　　【練習步驟】：

　　1.做俯臥撐或靠牆手倒立推掌練習，以增加臂力。

　　2.做手倒立，隨即屈肘使胸、腹、膝依次緩衝著地的動作練習。

　　3.在墊上跳起做手撐地擺腿練習，然後連結起來進行完整練習。

　　4.離開軟墊的完整動作練習。

　　【易犯錯誤】：

　　1.身體躍起後，凸臀，身體未成反弓狀。

　　2.手臂支撐後，做屈肘緩衝動作無力，致使胸、腹過早著地或摔地。

【糾正方法】：

1.多做練習步驟 2 的練習，體會動作要領。

2.多做練習步驟 1 的練習，提高臂力。

六、仰 摔

1.併步站立，兩臂垂於體側；眼視前方（圖 182）。

2.右腿屈膝提起，上體含胸收緊，兩手握拳抱於胸前（圖 183）。

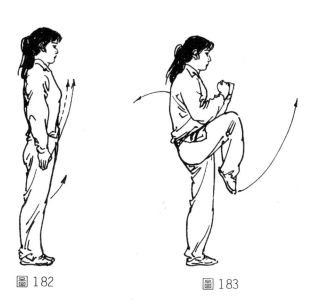

圖 182   圖 183

3.左腿稍屈膝，右腳前伸；上體後倒，下頦收緊，以肩背部著地；同時兩臂向兩側平伸，以掌心拍地（圖184、185）。

圖184

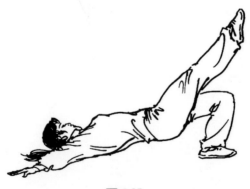

圖185

武術基本功與基本動作

【要點】：

下頦收緊、含胸拔背、挺髖、展腹。

【練習步驟】：

1.保護練習。保護者站在練習者身後，當其後摔時，兩手前伸托其肩部，隨之輕緩置於地上。

2.墊上練習。開始時可把墊子加高，以體會動作要領，解除害怕心理。隨著練習逐漸降低墊子的高度，直至撤掉墊子。

【易犯錯誤】：

1.倒地時身體鬆懈、不挺。

2.後腦或臀部觸地。

【糾正方法】：

後摔時，全身不可放鬆，要收緊下頦，以肩背著地，展髖，挺膝伸右腿。

七、盤腿跌

1.併步站立，兩掌垂於體側（圖186）。

2.右腳內扣向前進步，左腳跟提起，兩腿膝關節彎曲，上體略向前俯；同時左手握拳屈肘擺於胸前，右手握拳直臂側擺（圖187）。

3.右腳蹬地縱起，左腿屈膝上提；上體左轉，同時兩臂上擺（圖188）。

4.在空中身體繼續左轉；同時右腿伸直上擺裡合，左腿屈膝收控（圖189）。

圖 186

圖 187

圖 188

圖 189

圖 190

5. 在空中身體右轉 360°後，上體側倒，右腿合於左腿上成剪狀盤跌落地（圖 190）。

【要點】：

騰空要過腰，在空中成側臥；落地時以左腿外側和右腳掌及兩手領先著地。

【練習步驟】：

1. 做上步騰空轉體裡合腿練習。

2. 在墊子上做盤腿側摔練習。

3. 做上步蹬地轉體盤跌於墊上的練習。

【易犯錯誤】：

1. 肘關節挺直，手腕撐地。

2. 膝踝關節鬆弛，腰部觸地。

【糾正方法】：

1. 兩臂屈肘，以兩掌與前臂觸地。

2. 盤跌時要腰部上提，兩腿的膝踝關節要固定，肌肉保持適度用力。

八、烏龍絞柱

1.左腿屈膝貼地，右腿伸直，上體直立，兩手扶地（圖191）。

2.上體後仰，右腿伸直向左平掃，同時右臂側擺（圖192）。

3.上動不停，上體向後仰翻，兩腿上舉相絞；隨之雙手扶地上推，使身體成倒立狀（圖193、194）。

圖191

圖192

圖193   圖194

【要點】：

兩腿相絞時，要立腰、頂肩、頂頭、推手、撐臂。

【練習步驟】：

1.先做肩臂倒立練習。

2.做腰背著地的掃腿上舉相絞動作練習。

3.逐步使腰背離開地面，將腰、腿向上豎起。

4.完整練習。

【易犯錯誤】：

1.掃腿幅度小，兩腿上舉相絞不明顯。

2.腰背的頂力和兩臂撐力不足。

【糾正方法】：

1.加大兩腿掃轉的幅度和速度，向上頂起時要借旋轉的慣力兩腿相絞舉腿，不可單純的做舉腿動作。

2.加強肩背倒立和兩臂撐起的動作練習。

九、側空翻

1.併步站立，兩臂垂於體側；眼視前方（圖195）。

2.左腳上步蹬地，右腿向後上擺起；同時上體左傾，身體在空中做側翻動作。右腳先落地，左腳隨之落地（圖196、197、198、199、200）。

圖195   圖196

【要點】：

蹬地要短促有力，向上打腿要快，抬頭、提腰、兩腿伸直，落地要輕。

【練習步驟】：

1.手扶肋木，做快速蹬地、擺腿的練習。

2.做手翻練習。

3.設立保護者幫助練習。當練習者蹬地、向上打腿時，

圖 197

圖 198

圖199   圖200

保護者托其腰部，幫助完成動作。

4.結合擊步或墊步做側空翻練習。

【易犯錯誤】：

1.蹬地無力，打腿速度慢。

2.向下栽頭，彎腿。

【糾正方法】：

1.左腳踏跳要短促，並富有彈性和爆發力，使踝、膝、
髖關節充分伸展。可結合練習步驟1的方法加強練習，以提
高蹬地和打腿的速度與力量。

2.蹬地後要注意抬頭、提腰，兩腿膝關節伸直。也可採
取一手頂托其肩部，另一手掀其腰部的保護方法，幫助練習
者體會正確的動作要領。

大展出版社有限公司
品冠文化出版社

圖書目錄

地址：台北市北投區（石牌）　電話：(02)28236031
　　　致遠一路二段 12 巷 1 號　　　28236033
郵撥：0166955～1　　　　　　傳真：(02)28272069

·生活廣場· 品冠編號 61

1.	366 天誕生星	李芳黛譯	280 元
2.	366 天誕生花與誕生石	李芳黛譯	280 元
3.	科學命相	淺野八郎著	220 元
4.	已知的他界科學	陳蒼杰譯	220 元
5.	開拓未來的他界科學	陳蒼杰譯	220 元
6.	世紀末變態心理犯罪檔案	沈永嘉譯	240 元
7.	366 天開運年鑑	林廷宇編著	230 元
8.	色彩學與你	野村順一著	230 元
9.	科學手相	淺野八郎著	230 元
10.	你也能成為戀愛高手	柯富陽編著	220 元
11.	血型與十二星座	許淑瑛編著	230 元
12.	動物測驗—人性現形	淺野八郎著	200 元
13.	愛情、幸福完全自測	淺野八郎著	200 元
14.	輕鬆攻佔女性	趙奕世編著	230 元
15.	解讀命運密碼	郭宗德著	200 元

·女醫師系列· 品冠編號 62

1.	子宮內膜症	國府田清子著	200 元
2.	子宮肌瘤	黑島淳子著	200 元
3.	上班女性的壓力症候群	池下育子著	200 元
4.	漏尿、尿失禁	中田真木著	200 元
5.	高齡生產	大鷹美子著	200 元
6.	子宮癌	上坊敏子著	200 元
7.	避孕	早乙女智子著	200 元
8.	不孕症	中村春根著	200 元
9.	生理痛與生理不順	堀口雅子著	200 元
10.	更年期	野末悅子著	200 元

·傳統民俗療法· 品冠編號 63

1.	神奇刀療法	潘文雄著	200 元

2. 神奇拍打療法	安在峰著	200元
3. 神奇拔罐療法	安在峰著	200元
4. 神奇艾灸療法	安在峰著	200元
5. 神奇貼敷療法	安在峰著	200元
6. 神奇薰洗療法	安在峰著	200元
7. 神奇耳穴療法	安在峰著	200元
8. 神奇指針療法	安在峰著	200元
9. 神奇藥酒療法	安在峰著	200元
10. 神奇藥茶療法	安在峰著	200元

・彩色圖解保健・品冠編號64

1. 瘦身	主婦之友社	300元
2. 腰痛	主婦之友社	300元
3. 肩膀痠痛	主婦之友社	300元
4. 腰、膝、腳的疼痛	主婦之友社	300元
5. 壓力、精神疲勞	主婦之友社	300元
6. 眼睛疲勞、視力減退	主婦之友社	300元

・心 想 事 成・品冠編號65

1. 魔法愛情點心	結城莫拉著	120元
2. 可愛手工飾品	結城莫拉著	120元
3. 可愛打扮&髮型	結城莫拉著	120元
4. 撲克牌算命	結城莫拉著	120元

・法律專欄連載・大展編號58

台大法學院　　法律學系／策劃
　　　　　　　　法律服務社／編著

1. 別讓您的權利睡著了(1)	200元
2. 別讓您的權利睡著了(2)	200元

・武 術 特 輯・大展編號10

1. 陳式太極拳入門	馮志強編著	180元
2. 武式太極拳	郝少如編著	200元
3. 練功十八法入門	蕭京凌編著	120元
4. 教門長拳	蕭京凌編著	150元
5. 跆拳道	蕭京凌編譯	180元
6. 正傳合氣道	程曉鈴譯	200元
7. 圖解雙節棍	陳銘遠著	150元
8. 格鬥空手道	鄭旭旭編著	200元

國家圖書館出版品預行編目資料

武術基本功與基本動作／劉玉萍編著
——初版，——臺北市，大展，2001〔民90〕
面；21公分，——（名師出高徒；1）
ISBN 957-468-091-6（平裝）
1.武術——中國
528.97 90010798

武術基本功與基本動作 ISBN 957-468-091-6

編 著 者／劉玉萍
責任編輯／趙振平
發 行 人／蔡森明
出 版 者／大展出版社有限公司
社 　　址／台北市北投區（石牌）致遠一路2段12巷1號
電 　　話／（02）28236031・28236033・28233123
傳 　　眞／（02）28272069
郵政劃撥／01669551
E-mail／dah-jaan@ms9.tisnet.net.tw
登 記 證／局版臺業字第2171號
承 印 者／高星印刷品行
裝 　　訂／日新裝訂所
排 版 者／弘益電腦排版有限公司
初版1刷／2001年（民90年）9月

定　價／200元